T0097973

SOUL OF NUEVA YORK

GUÍA DE LAS 30 MEJORES EXPERIENCIAS

ESCRITO POR TARAJIA MORRELL
FOTOGRAFIADO POR LIZ BARCLAY
ILUSTRADO POR ABBIE ZUIDEMA

EDITORIAL JONGLEZ

guías de viaje

"SIMPLEMENTE,
AMABA NUEVA YORK.
Y NO LO DIGO A LA LIGERA,
ESTABA LITERALMENTE ENAMORADA
DE LA CIUDAD, COMO CUANDO TE ENAMORAS
DE LA PRIMERA PERSONA QUE TE TOCA,
Y NO VUELVES A ENAMORARTE
DE LA MISMA MANERA".

JOAN DIDION

¿Describir Nueva York en 30 experiencias? ¡Es una misión imposible! ¡Es intrigante! ¡Excitante! Mientras me esforzaba en condensar mi ciudad en 30 lugares, entendí que su encanto se encuentra en los resquicios y en los lugares icónicos, en el viaje y en el destino.

Un simple lugar puede convertirse en una "experiencia": como, por ejemplo, un neoyorquino al que hubieran designado jurado popular y se consolara comiendo un *phô* en Thái So'n (excelente restaurante vietnamita en Baxter Street) convirtiendo así ese momento en toda una experiencia.

Los neoyorquinos tenemos carácter e intentamos incansablemente doblegar la ciudad a nuestra voluntad, pero ella siempre gana, y aunque esto nos exaspera, eso hace que nos guste aún más.

Como cualquier niño de los años 1980, mi zona de juegos era Central Park. A principios de los años 1990, desoyendo a mi madre, me escapaba a SoHo (antes de convertirse en centro comercial). A finales de los 90, iba a Dowtown, a restaurantes de tenue luz y a clubes nocturnos que ya no están de moda – ¿será esto bueno o malo? La ciudad está en constante evolución, se regenera, cambiando de tamaño y forma como en *Alicia en el país de las maravillas* (ve a ver su estatua en Central Park). Oscila todo el rato entre la nostalgia y el progreso.

Los neoyorquinos más castizos se han visto obligados a irse por culpa de la elitización y de la avaricia de los propietarios inmobiliarios.

Se me rompe el corazón. Algunos lugares míticos a los que me hubiera gustado llevarte han desaparecido en este torbellino. Otros han sido sustituidos por burdas copias con las que creen poder engañarnos y engatusarnos aprovechando la fama que tuvieron. Como el restaurante El Quijote del Chelsea Hotel (donde se alojaban poetas bohemios como Bob Dylan y Leonard Cohen), que los promotores han convertido en un hotel de superlujo. Esto también es Nueva York, desgraciadamente.

Aquí, el constante desfile en la calle de gente, moda, arte y negocios es tan hipnótico como un espectáculo de Broadway. Nuestra ciudad se descubre a pie, hazle ese honor si puedes.

Obviamente, esta guía muestra solo una parte de Nueva York. Pero espero haberte dado pistas sobre los numerosos rostros de nuestra ciudad, retro y moderna a la vez, elegante y modesta...

Deja que Nueva York te agote. Merece la pena.

Tarajia Morrell, autora

EN ESTA GUÍA
NO VAS A ENCONTRAR

- tostadas de aguacate
- consejos sobre Broadway
- lugares "instagrameables" (¡disfruta del momento!)

EN ESTA GUÍA
SÍ VAS A ENCONTRAR

- el arte y la manera de comer una pizza como un neoyorquino (¡ojo, es un tema polémico!)
- el edificio de un pintor precursor
- un truco para reducir la cintura sin hacer abdominales
- raviolis tibetanos ocultos detrás de una tienda de telefonía
- la carta de un restaurante histórico "feminista"
- collares como los de Carrie Bradshaw
- una pista de tenis en un garaje

Debido a la pandemia, muchos negocios se han visto obligados a cerrar definitivamente o han tenido que cambiar sus horarios de apertura. Por favor, consulta los horarios en internet.

LOS SÍMBOLOS DE
"SOUL OF NUEVA YORK"

Gratis

< 20 $

20 a 100 $

> 100 $

Se atiende por
orden de llegada

Reserva
obligatoria

Muy
Nueva York

Mejor
en pareja

30 EXPERIENCIAS

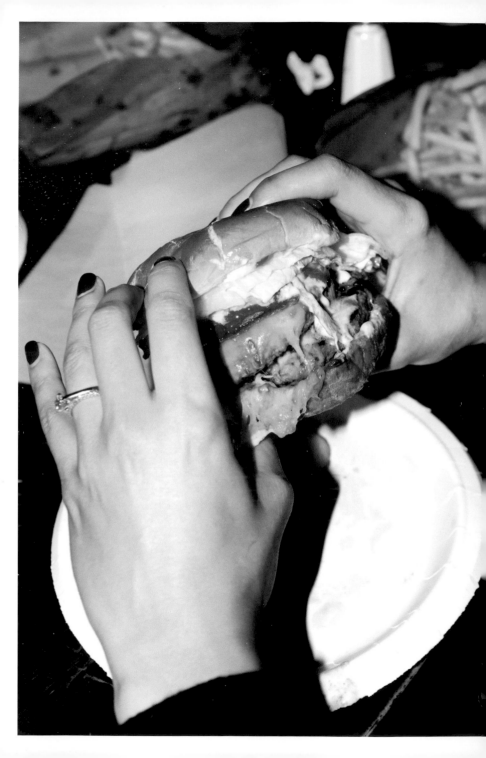

COMER UNA AUTÉNTICA HAMBURGUESA
UNDERGROUND

No faltan razones para venir a Midtown: saciar tus ganas de ir de tiendas en 5th Avenue, el MoMA, patinar un poco en el Rockefeller Center bajo el enorme árbol de Navidad, ir a la ópera en el Lincoln Center o a una comedia musical en Times Square... Pero no hay nada más apetecible que entrar en el elegante vestíbulo del hotel Parker, y que una señal de neón y un cautivador olor a carne a la brasa te guíen hacia una de las mejores hamburgueserías de Nueva York. Aquí, nada de formalidades, olvídate del *foie gras* o de las *short ribs* sobre pan tradicional. Aquí se viene a comer la auténtica hamburguesa americana con carne, queso americano, lechuga iceberg, tomate y pepinillos, en un local con falsa apariencia de búnker convertido en club. Como nos encanta mezclar estilos, te sugerimos que empieces con un aperitivo ultra-selecto en uno de los sitios más sofisticados de Midtown, The Grill, un restaurante diseñado por Mies van der Rohe, donde literalmente nacen las tendencias, y empalmes directamente con el Burger Joint para comerte la clásica *cheeseburger*, perfecta y sencilla.

 THE BURGER JOINT
THE PARKER HOTEL
119 WEST 56TH ST, NEW YORK, NY 10019

+1 (212) 708 7414　　　　　burgerjointny.com

THE GRILL
THE SEAGRAM BUILDING
99 EAST 52ND ST, NEW YORK, NY 10022

+1 (212) 375 9001

thegrillnewyork.com

PERSONALIZAR
TU SILUETA

Lower East Side, antaño lleno de talleres de costura y de almacenes de telas, y habitado por los inmigrantes que trabajaban en ellas, sigue siendo nuestro barrio favorito para encontrar trajes a medida.

Los caballeros que necesiten un traje a medida lo encontrarán en Freemans Sporting Club. En esta tienda para hombres, donde nació el estilo leñador urbano, te cogen las medidas para hacerte un esmoquin. También puedes optar por una chaqueta o un gorro rústico-elegante de su colección... Y sí, los sastres de Freemans también estarán encantados de tomarles las medidas a las damas.

FREEMANS SPORTING CLUB
8 RIVINGTON ST
NEW YORK, NY 10002

+1 (212) 673 3209   freemanssportingclub.com

De hecho, señoras, si siempre quisisteis tener un vientre plano sin necesidad de hacer abdominales, id a Orchard Corset donde resaltan la figura de las mujeres, tengan el tipo que tengan, desde 1968. La dueña, Peggy Bergstein, puede decirte qué talla tienes de cintura (actual o futura) con solo mirarte. ¿Qué promete? Ayudarte a perder, por lo menos, 10 cm de cintura. La tienda apenas ha cambiado desde hace 50 años, y aunque entre su clientela cuenta con personalidades como Madonna y Lizzo, también atiende a una legión de mujeres que quieren hacernos creer que su cintura de avispa es 100 % natural.

ORCHARD CORSET
157 ORCHARD ST
NEW YORK, NY 10002

+1 (212) 874 0786

UNA MAÑANA IDEAL
EN HARLEM

Vayamos al grano. El alma de Nueva York está en Harlem, y no puedes visitar NY sin venir a este barrio. No dejes de visitar, en tu recorrido por sus restaurantes más icónicos, el Studio Museum of Harlem, especializado en obras de artistas de origen africano, y el Schomberg Center for Research in Black Culture.

Sylvia's, que sirve comida de la mañana a la noche desde 1962, es toda una institución (pídete los *grits*, gachas de maíz, con mantequilla). Justo al lado, Red Rooster Harlem, del chef Marcus Samuellson, es una oda a las muchas tradiciones culinarias de un barrio de ambiente muy colorido.

📍 **SYLVIA'S**
328 MALCOLM X BLVD
NEW YORK, NY 10027

+1 (212) 996 0660   sylviasrestaurant.com

CHARLES' COUNTRY PAN FRIED CHICKEN
 340 WEST 145 ST (EDGECOME)
NEW YORK, NY 10039

+1 (212) 281 1800

Y, sobre todo, no dejes de ir a Charles' Country Pan Fried Chicken, un restaurante pequeño y sencillo en su nueva ubicación en West 145th Street. El dueño, Charles Gabriel, nacido en una plantación al sur del país y afincado en Nueva York desde 1965, hace pollo frito desde hace décadas. Un pollo frito de chuparse los dedos, si quieres nuestra opinión. Para eludir la siesta que acecha tras las patatas dulces (postre obligado), date un paseo dirección sur, pasando por delante del Apollo Theater y del hotel Teresa, hasta Harlem Haberdashery. ¿Por qué? Porque su gran colección de ropa merece el paseo.

LA PIZZA
DE TU VIDA

Nueva York adora las pizzas. Hay pizzerías al corte (*slice shops*) y pizzerías restaurante por doquier, pero ninguna tan rica como Roberta's, la quintaesencia de la comunidad de artistas hípsters en la que nació.

Roberta's no ha cambiado desde que abrió en 2008 en Bushwick, sigue con sus grafitis, su horno de leña, sus mesas de picnic, su bar hawaiano, su jardín descuidado y su cocina donde se preparan algunas de las mejores pizzas y platos italianos del mundo.

En sus 12 años de vida, Roberta's ha abierto Blanca, del otro lado del jardín, un restaurante con dos estrellas Michelin cuyas pizzas se venden congeladas en los supermercados nacionales.

Comer morcilla con pera y una pizza "Cowabunga Dude" con música rock de fondo mientras unos *foodies* animan el local desde la cocina que da al comedor, es tan de este sitio que es imposible recrearlo en casa.

ROBERTA'S
261 MOORE ST
BROOKLYN, NY 11206

+1 (718) 417 1118   robertaspizza.com

CRÉDITOS: ROBERTA'S PIZZA

CRÉDITOS: ROBERTA'S PIZZA

COMER UNA PORCIÓN DE PIZZA
COMO UN NEOYORQUINO

Las *slice shops*, apodo cariñoso con el que los neoyorquinos llaman a las pizzerías donde se venden sobre todo pizzas al corte, son tantas y tan indispensables en la ciudad como los *delis*. Cada manzana de casas tiene una y son un pilar básico de la dieta neoyorquina, sobre todo para los que adoran la noche. Nuestras porciones de pizza, perfectas para recargar las pilas antes de salir de fiesta, para recuperar las fuerzas al volver de una noche loca y para desayunar con resaca, son la clave para sobrevivir en esta insensata metrópolis cuando estás sin un duro.

Si quieres parecerte a un neoyorquino, aquí está el truco:

(N.B.: este método es objeto de debate)

EL SURF
ESTILO NUEVA YORK

Nuestro balneario urbano, Rockaway, está cerca del centro en coche o en metro (Línea A). Anna Polonsky, fundadora del estudio Polonsky & Friends, y Fernando Aciar, ceramista y creador de OStudio y O Café, te dan unos consejos para disfrutar de Rockaway como si fueras neoyorquino.

Ve a la playa. ¡El ambiente es genial incluso en invierno!

1. Para un precioso paseo por el muelle a partir de Beach 67th St.

2. Uma's: deliciosa comida uzbeka.
92 07 Rockaway Beach Blvd

3. Tacoway Beach*: ¡aquí nació la leyenda del Rockaway!
Surf Club, 302 Beach 87th St

4. Whit's End: pizzas al horno de leña + buena comida preparada por el chef local Whitney Aycock.
97-02 Rockaway Beach Blvd (solo pago en efectivo)

*Solo abre en verano.

5. La Fruteria*: para tomar *smoothies* de aguacate.
Rockaway Beach Club, Beach 97th St

6. La Cevicheria*: ¡la mejor de la ciudad!
97-01 Shore Front Pkwy, Beach 97th St

7. Goody's: ¡cocina jamaicana que quita el sentido!
7018 Amstel Blvd, Arverne

8. Rippers*: *rock'n'roll* y hamburguesas clásicas.
8601 Shore Front Pkwy, Beach 86th St

9. Rockaway Brewing Co.: microcervecería + sabrosa cocina de calle que cambia a menudo + veladas muy divertidas.
415 B 72nd St, Arverne

10. Rockaway Beach Bakery: ¡los cruasanes de jamón y queso y los brownies están de muerte!
87-10 Rockaway Beach Blvd

11. Cuisine by Claudette: nos encanta su pastel de plátano y sus boles de açaí.
190 Beach 69th St, Arverne

12. Caracas*: ¡las mejores arepas de NY!
106-01 Shore Front Pkwy

13.a. Edgemere Farm*: frutas, verduras, miel y productos bio.
385 B 45th St

13.b. Edgemere en el mercado: todos los fines de semana, todo el año.
3-23 Beach 74th St, Far Rockaway, NY 11692

14. Desde el muelle de 72nd St, da un paseo en barco por la bahía (¡mejor al atardecer!)

15. The Castle Rockaway: habitaciones, veladas, pop-ups, talleres ++
Beach 117th St

*Solo abre en verano.

FITNESS
PARA DESAHOGARSE

¿Has estado a punto de jugarte la vida cruzando Houston St o te acaban de empujar y de gritar en el metro? Nueva York no te lo pone fácil. Seas de aquí o estés de paso, esta ciudad es agotadora. La solución, para no volverte loco, es The Class by Taryn Toomey, con la que puedes soltar la frustración, desahogarte y, de paso, tonificar tus nalgas.

La fundadora Taryn Toomey te anima a soltar: gruñe, grita o prepárate a sudar la gota gorda. Las supermodelos Gisele Bunchen y Christy Turlington son fans de The Class, que mezcla yoga, calistenia, pliometría y aeróbic. Música potente y Toomey que te sacude por tu bien con saltos, ejercicios cardiovasculares, respiraciones profundas, etc., que tonifican tu corazón, tu cuerpo y tu espíritu...

Y sales exultante, listo para afrontar un nuevo día en Nueva York.

THE CLASS
22 PARK PLACE, 3ª PLANTA
NEW YORK, NY 10007

| Obligatorio reservar en la web | theclass.com | Ponte las zapatillas y ve temprano 35 $ |

DISFRUTA DE UNOS
BO SSÄM CON AMIGOS

Imagínate una enorme paletilla de cerdo cocinada durante siete horas, tierna y jugosa, con salsa de azúcar moreno... Es la estrella del *ssäm* que tú mismo enrollas en una hoja de lechuga con *kimchi*, salsa barbacoa y salsa de cebolleta y jengibre. En tu mesa hay entre seis y diez amigos salivando, ocupados en comerse su *ssäm* y unas ostras con una botella de Riesling y otra de Beaujolais. La felicidad absoluta.

Este es el ambiente del Momofuku Ssäm Bar, el segundo restaurante del empresario culinario David Chang, muy premiado. La carta ofrece buenos productos que se suelen comer con las manos. Es difícil evaluar la influencia de Chang y de su imperio Momofuku en la cocina asiático-americana desde que en 2004 abrió muy cerca su Momofuku Noodle Bar.

CONSEJO: De todos modos, en Ssäm, es imposible no pensar en otra cosa que no sea en el próximo bocado de jamón curado con mayonesa de café-*siracha* o los *ssäm* de cerdo, pato o cangrejo del menú especial.

 MOMOFUKU SSÄM BAR
89 SOUTH STREET, PIER 17
NEW YORK, NY 10038

+1 (212) 254 3500   ssambar.momofuku.com

UN CINE
ÚNICO EN SU GÉNERO

El neoyorquino Alexander Olch solo soñaba con crear un cine *vintage* cuya sala y programación fuesen una oda al glamur de la edad dorada hollywoodiense. Ir al Metrograph es soñar despierto con Olch.

Todas las noches, el Metrograph proyecta monumentos del cine: clásicos contemporáneos como las películas de Paul Thomas Anderson, obras maestras atemporales como *E.T.* de Spielberg, grandes directores como Godard, Preminger, Wilder y Kubrick, o directores noveles que traen aires nuevos como Noah Baumbach y Spike Jonze. Toda la programación del Metrograph se elige con amor y se proyecta en 35 mm, el formato canónico del séptimo arte (salvo si la película es digital). Las butacas de terciopelo, fabricadas a medida con lo que se ha recuperado de la antigua refinería de azúcar Domino en Brooklyn, que impregnan toda la sala de un olor a madera.

Metrograph encarna lo que Nueva York hace mejor: renovarse una y otra vez arriesgándose para preservar la cultura y darnos un futuro que merezca la pena.

METROGRAPH
7 LUDLOW ST
NEW YORK, NY 10002

+1 (212) 660 0312   metrograph.com

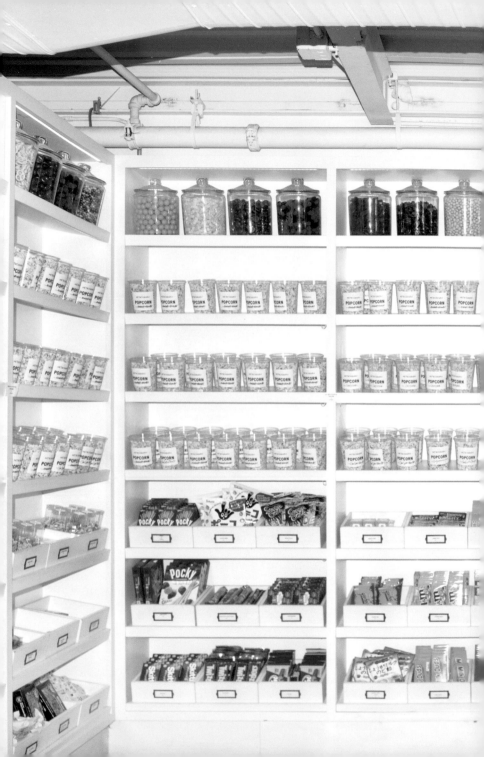

LOS INDISPENSABLES
DE WILLIAMSBURG

Si te quieres alojar en Brooklyn, el mejor sitio es el Wythe, una antigua fábrica de 1901 reconvertida en hotel en Williamsburg. No hace falta ser cliente del hotel para ir a sus dos bar-restaurantes, Lemon's y Le Crocodile, que, con sus excepcionales cocinas y sus atractivos ambientes, hacen que el Wythe sea el lugar perfecto donde hospedarse.

Si vas a Williamsburg toma el aperitivo en el Achilles Heel en Greenpoint, uno de los mejores bares del mundo. Si quieres un hamán, una sauna o un masaje, ve a Bathhouse. Rebusca en los estantes *vintage* de Beacon's Closet o en los de Narnia Vintage, nuestra favorita, si quieres una colección exclusiva. Ve a un concierto insólito en un edificio conceptual en el National Sawdust o en Union Pool. Reserva mesa para cenar en un italiano divino, Lilia (¡pide los *Mafaldini*!), o en un bar de vinos naturales con estrella Michelin, The Four Horsemen (un buen plan también para desayunar). ¿No quieres reservar? Ve a Diner, el restaurante que llegó antes que todos los demás. Y si sigues con ganas de más, te recomendamos Baby's All Right para escuchar música en vivo en un ambiente vibrante.

 WYTHE HOTEL
80 WYTHE AVE
BROOKLYN, NY 11249

+1 (718) 460 8000 | wythehotel.com

NATIONAL SAWDUST
80 NORTH 6TH ST
BROOKLYN, NY 11249

+1 (646) 779 8455

nationalsawdust.org

BATHHOUSE
103 N 10TH STREET
BROOKLYN, NY 11249

+1 (929) 489 2284

abathhouse.com

NARNIA VINTAGE
672 DRIGGS AVE
BROOKLYN, NY 11211

+1 (212) 979 0661

narniavintage.com

LILIA
567 UNION AVE
BROOKLYN, NY 11222

+1 (718) 576 3095   lilianewyork.com

CRÉDITOS: THE JANE HOTEL

CRÉDITOS: THE JANE HOTEL

LA HABITACIÓN DE HOTEL HISTÓRICA MÁS PEQUEÑA DE NUEVA YORK

Si tienes un presupuesto ilimitado puedes quedarte obviamente en el Carlyle, en el Bowery o en el Greenwich Hotel. Pero si no vas muy sobrado, el hotel The Jane es para ti. Bienvenido al antiguo refugio de marineros en el corazón de West Village, a dos pasos de la Highline y del flamante Withney Museum. Fue aquí donde los supervivientes del Titanic se alojaron en 1912. En los años 1980-1990 era el epicentro de la cultura bohemia y de la ola rebelde rock. Ahora, The Jane es el hotel de moda de los viajeros con poco presupuesto, con habitaciones minúsculas tipo camarote, y con baños comunitarios donde puedes charlar con desconocidos mientras te lavas los dientes. Y a pesar del modesto tamaño de las habitaciones, el salón de baile acoge algunas de las veladas más estilosas de Downtown... The Jane es el sitio perfecto para viajeros sin dinero, pero con clase... Así es el espíritu neoyorquino.

THE JANE HOTEL
113 JANE ST
NEW YORK, NY 10014

+1 (212) 924 6700   thejanenyc.com

CRÉDITOS: THE JANE HOTEL

OH,
HAPPY DAYS!

A. *HAPPY DAY* N°1, DOWNTOWN-WESTSIDE

Empieza el día con un sándwich "Bodega" en High Street on Hudson; pasea por la Highline hasta Chelsea y luego date una vuelta por las galerías de arte entre 18th & 26th Streets. Vuelve a West 10th St por 9th Avenue y entra en Cap Beauty Daily para comprar productos de belleza; almuerza en Via Carota antes de rendir homenaje a los que lucharon por los derechos de los homosexuales en Stonewall. En Washington Square Park, disfruta de espectáculo que ofrece la calle. Saluda al busto de Sylvette, una estatua de Picasso situada entre las torres de I. M. Pei. Para un poco de cultura, recarga las pilas en la tranquilidad de What Goes Around Comes Around antes de ir a cenar a Frenchette.

FRENCHETTE

FRENCHETTE
241 W BROADWAY
NEW YORK, NY 10013

+1 (212) 334 3883

frenchettenyc.com

WHAT GOES AROUND COMES AROUND
351 WEST BROADWAY NEW YORK,
NY 10013

+1 (212) 343-1225

whatgoesaroundnyc.com

B. *HAPPY DAY* N°2, EAST VILLAGE Y LOWER EAST SIDE

Empieza con buen pie con pasteles y un café en Abraço. Luego, los bibliófilos pueden ir a Dashwood Books (Great Jones St.) o a Bonnie Slotnick Cookbooks, una librería liliputiense con una impresionante colección de recetas. ¿Necesitas comprar *souvenirs*? Pásate por John Derian en 2nd St. y pasea luego por Bowery hasta New Museum. Si tienes sed pídete un cóctel en el bar de Freeman's, el restaurante al que debemos la moda de las bombillas Edison y de los trofeos de caza. Para cenar, tienes el bar de vinos naturales Wildair, y si necesitas más vino luego, el Ten Bells. Una gramola, un billar y unos cócteles te esperan en Lucy's en Avenue A hasta que acabe la noche.

DASHWOOD BOOKS
33 BOND ST A
NEW YORK, NY 10012

+1 (212) 387 8520   dashwoodbooks.com

LOS CHEFS IÑAKI AIZPITARTE, JEREMIAH STONE (CONTRA, WILDAIR & PEOPLES) Y PAUL BOUDIER

HACER LA COMPRA
COMO UN CHEF

Ya sabemos que Nueva York es una jungla, pero más allá de la ciudad, los agricultores trabajan duro. Ellos son los auténticos héroes de la escena culinaria neoyorquina. Son ellos los que proveen a nuestros mejores chefs y a numerosos neoyorquinos que todavía se resisten a la comida basura. Razas de cerdo locales, pollos sin hormonas, berenjenas deliciosas, pluots (mitad ciruela, mitad albaricoque) en junio, cúrcuma y col china en diciembre, y todo gracias a ellos.

Hasta que llegó el movimiento "de la granja a la mesa" en los años 1970, comer cualquier cosa en cualquier momento era una señal de riqueza en Estados Unidos. Consumir productos locales y de temporada era de campesinos. Las cosas han cambiado mucho. Ahora, los privilegiados no son los únicos que consumen los mejores productos frescos de temporada, cultivados y cosechados siguiendo prácticas sostenibles.

UNION SQUARE GREENMARKET
UNION SQUARE
MANHATTAN

grownyc.org

ESCUCHA JAZZ
CON EL FANTASMA DE MILES DAVIS

Si los muros de Village Vanguard pudiesen hablar, contarían historias sobre las grandes personalidades que han pasado por aquí desde que abrió en 1935. Miles Davis, Thelonius Monk, Charles Mingus, Stan Getz, Bill Evans y muchos otros grandes de la música han honrado este pequeño sótano del West Village con sus improvisaciones hipnóticas.

THE VILLAGE VANGUARD
178 7TH AVE S
NEW YORK, NY 10014

+1 (212) 255 4037   villagevanguard.com

ARQUITECTURA
ICÓNICA

BROOKLYN BRIDGE

NACIONES UNIDAS

MUSEO GUGGENHEIM

OCULUS

CHRYSLER BUILDING

EMPIRE STATE BUILDING

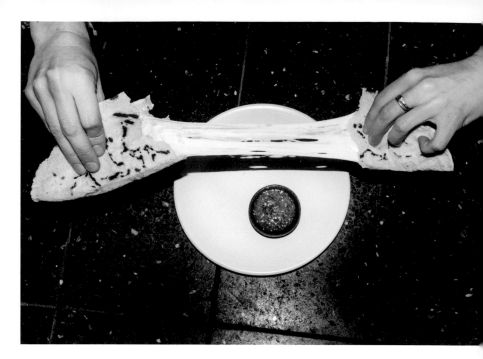

ATLA
372 LAFAYETTE ST
NEW YORK, NY 10012

+1 (347) 662 3522

atlanyc.com

#14

REFLEXIÓN FILOSÓFICA
SOBRE EL *BRUNCH*

Para Atla, igual que para nosotros, el *brunch* tiene que ver más con disfrutar que con los Bloody Mary que te bebas; con una hamburguesa o plato de pasta perfectos que con las distintas maneras de comer huevos, y de los Bellinis que te tomes en una fiesta de día.

El *brunch* ideal es un paseo romántico en bici o caminando de la mano de tu amor, compartir unas tapas y coquetear tomando un vino antes de ir a una exposición o al cine. Si vas sin pareja, el "almuerzo de fin de semana", como nos gusta llamarlo, es la ocasión de disfrutar de una buena compañía pasando una tarde charlando, paseando, yendo de tiendas y vagueando. No es una excusa para perder un día entero bebiendo.

EL RESTAURANTE
OMAKASE
DE UN EXCÉNTRICO

Uno de los mejores restaurantes *omakase* (al gusto del chef) de Nueva York está donde menos te lo esperas. Uno, está en Chinatown. Dos, está encima de un *izakaya* y de la coctelería Straylight. Ambiente: un viaje sicodélico inspirado en el arte bruto y en las obras del arquitecto Buckminster Fuller, creado por dos artistas premiados, Jonah Freeman y Justin Lowe.

Pero incluso sin todo esto, el bar *omakase* del chef Kazuo Yoshida merece una visita (y la cuenta). Con su exuberante personalidad, sus pelos fluorescentes y su predilección por los nombres de estilo urbano rompedores, Yoshida, oriundo de Nagasaki, lleva la batuta en un espléndido concierto de *sushis* de pez limón, sardina manchada o atún toro, y hasta una degustación vertical de erizos, su favorito. Y si te ofrece que pruebes algo insólito, como esperma de bacalao, di ¡SÍ!, y ya.

Confía en su buen gusto.

 JUKU
32 MULBERRY ST
NEW YORK, NY 10013

+1 (646) 590 2111   jukunyc.com

EL TRÍO GANADOR
DE CHINATOWN

¡Oh, Chinatown!, tus puestos rebosantes de pulpos y duriones en la calle, tus vecinos que escupen en el suelo, tus salones de masaje, tus centros comerciales chinos y, obviamente, tus restaurantes. No se puede visitar Nueva York sin explorar este barrio de calles pegajosas, habitado desde hace un siglo por inmigrantes que han venido a esta preciosa ciudad buscando una vida mejor. Aquí puedes encontrar zapatillas chinas de terciopelo, miles de cachivaches asiáticos, bolsos Vuitton y Gucci falsos, y algunos de los mejores restaurantes de la ciudad. Royal Seafoof, Golden Unicorn, Oriental Garden y Jin Fong son valores seguros. Pero el trío ganador de esta experiencia es almorzar en Dim Sum Go Go, darte un masaje capilar y hacerte un *brushing* en la peluquería Mian Tian y comprar joyas *bling bling* en New Top Jewelry.

DIM SUM GO GO
5 E BROADWAY
(ENTRE CATHERINE ST Y CHATHAM SQ)
NEW YORK, NY 10038

+1 (212) 732 0797   dimsumgogo.com

- En Dim Sum Go Go tienes que probar los raviolis de pato, setas, gambas y cebollino y la tarta de nabo, nueces heladas con miel y cebolleta.

- En la peluquería Mian Tian (170 Canal Street, 2° piso), prueba el "Shampoo/Blow/Style". Diez minutos de masaje de hombros/cuello, 5 minutos de lavado con masaje capilar en silla, 10 minutos de lavado con masaje capilar en lavacabezas y *brushing*. No está mal por 15-25 $.

- Los adolescentes cool van a New Top Jewelry para comprar pendientes de aro, colgantes y collares grabados con su nombre, al estilo Carrie Bradshaw. Dile a Jane que vas de nuestra parte.

NEW TOP JEWELRY
185 CENTRE ST
NEW YORK, NY 10013

+1 (212) 226 8159

JUGAR AL TENIS
EN UNA ESTACIÓN
CENTENARIA

Ve a Grand Central Station, una maravilla Beaux-Arts en Midtown, admira las constelaciones de su cúpula, busca la galería de los susurros y... termina con un pequeño partido de tenis en las pistas secretas de la 4ª planta.

El Vanderbilt Tennis Club se oculta en las antiguas Grand Central Art Galleries, fundadas por John Singer Sargent y abiertas entre 1922 y 1952. Ahora tiene dos pistas (una pro, otra *amateur*) donde todo el mundo puede jugar a condición de reservar y pagar.

VANDERBILT TENNIS CLUB
15 VANDERBILT AVE (4ª PLANTA)
NEW YORK NY 10017

+1 (212) 599 6500
Solo con reserva

vanderbilttennisclub.com

EL REY
DEL ENTREMÉS

Joel Russ, inmigrante polaco que hizo fortuna en Nueva York vendiendo arenques marinados, tenía tres hijas, pero ningún hijo varón, y un negocio floreciente. En 1935 escandaliza a la sociedad al asociarse con sus hijas y bautizar el negocio familiar como "Russ & Daughters" (Russ e Hijas). Es la primera empresa americana en dar este paso.

El encantador Russ & Daughters Café en Orchard St. es obra de la cuarta generación de la familia Russ, Josh Russ Tupper y Niki Russ Federman. Es un éxito impresionante gracias a su cocina casera judía llena de toques creativos. Nos encanta el "Super Heebster", una ensalada de pescado blanco y salmón con caviar de *wasabi*. Josh y Nikki perpetúan la tradición familiar con sus tiendas en el Jewish Museum en Uptown y en la Navy Yard en Brooklyn. Siempre dinámica, la familia Russ sigue enseñándole a Nueva York (y a muchos visitantes) lo que es un *appetizing store*.

 RUSS & DAUGHTERS CAFE
127 ORCHARD ST
NEW YORK, NY 10002

+1 (212) 475 4880 ext. 2   russanddaughterscafe.com

- JOSH RUSS TUPPER Y NIKI RUSS FEDERMAN -

LOS DUEÑOS DE RUSS & DAUGHTERS, LA PRIMERA EMPRESA AMERICANA
QUE AÑADIÓ "& DAUGHTERS" A SU NOMBRE HACE YA CUATRO GENERACIONES

Decís que vuestra tienda es un *appetizing store*. ¿Qué significa?

NIKI: El *appetizing store* es un símbolo culinario en Nueva York. Es una tradición que nació aquí, con los inmigrantes judíos. El nombre se perdió, pero hacemos todo lo posible por recuperarlo, es inherente a nuestra ciudad.

JOSH: El *appetizing store* es el primo del *deli*. El *deli* vende carne, nosotros productos lácteos, pescado ahumado y seco. ¡El *appetizing* es lo que le pones a los *bagels*!

Russ & Daughters es una institución desde 1920, pero mantener una empresa familiar de éxito en NY es muy difícil. ¿Os habéis preguntado alguna vez si lo ibais a lograr?

J: Claro. Siempre hay momentos duros, sobre todo cuando te has propuesto abrir un restaurante sin saber cómo se hace.

N: El fracaso no es una opción. Tenemos la responsabilidad de la herencia de las generaciones anteriores y de nuestros clientes - los neoyorquinos. No queremos ser la generación que lo estropee todo. No dejamos de inspirarnos en la tienda de East Houston St. Es nuestro punto de referencia a todo lo que hacemos.

J: Debemos pensar a largo plazo.

Ninguno de los dos tenía previsto seguir con el negocio familiar. ¿Qué pasó?

N: Crecí siendo plenamente consciente del carácter único de esta tienda. Vaya donde vaya si Russ & Daughters sale en la conversación, mi interlocutor, con el semblante iluminado, te cuenta una anécdota sobre lo importante que es la tienda para él. Al sentir el cariño de los clientes, comprendí que era algo valioso. Una tradición que quería perpetuar.

Para vosotros, ¿qué lugar o experiencia encarna el alma de Nueva York?

J: El bar Freemans entre 2003 y 2006, los miércoles a las 18:00 cuando Yana era mixóloga.

N: Jeremiah Stone y Fabian von Hauske, los chefs de Contra y Wildair en Orchard St... Su trayectoria en este barrio, su éxito, lo que Nueva York representa para ellos, la posibilidad de realizar sus sueños. Eso es Nueva York.

BEMELMANS BAR
THE CARLYLE (ENTRADA POR MADISON AVE)
35 EAST 76TH ST
NEW YORK, NY 10021

+1 (212) 744 1600

rosewoodhotels.com

SUMÉRGETE EN UN MARTINI...
Y EN UN LIBRO INFANTIL

El Bemelmans es un ilustre bar *art déco* situado en la planta baja del hotel Carlyle. En los muros, los únicos frescos públicos que quedan de Ludwig Bemelmans, autor de la serie de libros infantiles *Madeline*.

Y cada vez que vamos, nos estresamos un poco. ¿Habrá mesa? ¿A quién veremos?

Nos sentamos, saboreamos el primer sorbo de un gigantesco Martini servido con un sidecar de ginebra. Nuestro corazón se dispara cuando el pianista se acerca y empieza a tocar. Lo mejor es llegar justo antes de que empiece la música (todos los días a las 17:30) para vivir ese pequeño chute de adrenalina, antes de que te envuelvan las notas del piano, entrecortadas por las conversaciones en voz baja y el tintineo de las copas. La música y el alcohol hacen su efecto enseguida. A nuestro alrededor, pijos del Uper East Side, gente de la jet set con la cara operada, dignatarios, algún que otro famoso. A veces se escucha una enorme carcajada en una mesa, pero en general, si estamos aquí es para disfrutar de la música en un ambiente dorado y de las historias que se traman sobre y entre los muros.

HACER REGALOS
COMO UN NEOYORQUINO

Paula Rubenstein tiene el don de encontrar la perla rara, el tesoro único que un anticuario menos experto no vería. Nos viene bien porque busca por nosotros. Su tienda homónima en Christie St. es una auténtica cueva de Alí Babá cuyos hermosos tesoros – cuadros, telas, muebles, libros y curiosidades antiguas – nos cuentan por sus pátinas 1001 historias.

John Derian Company en 2nd St. es un *concept store* para los neoyorquinos en busca del regalo ideal. Puedes encontrar cerámicas francesas de *Astier de Villatte* y los extravagantes grabados de Hugo Guinness, por los que el Nueva York moderno se

PAULA RUBENSTEIN
195 CHRYSTIE ST
NEW YORK, NY 10002

+1 (212) 966 8954 | paularubenstein.com

JOHN DERIAN COMPANY
6 EAST SECOND ST
NEW YORK, NY 10003

+1 (212) 677 3917

johnderian.com

vuelve loco. No te pierdas sobre todo su línea estrella: pisapapeles, platos y bandejas cuyas ilustraciones proceden de catálogos de botánica y de folletos de los siglos XVIII y XIX.

Coming Soon es el bebé deliciosamente excéntrico de Fabiana Faria y Helena Barquet. Ambas tienen ojo para conseguir cerámicas hechas a mano, alfombras de colores, muebles antiguos y decoraciones eclécticas. Macetas de terrazo, tazas de cristal lechoso, inciensos y divertidos objetos de colores brillantes esperan a los fans de la estética contemporánea.

COMING SOON
53 CANAL ST
NEW YORK, NY 10002

+1 (212) 226 4548 comingsoonnewyork.com

EL UNIVERSO CREATIVO
DE DONALD JUDD

Con todas sus tiendas de lujo, sus hoteles boutique y sus restaurantes a rebosar, es difícil imaginar que SoHo fue un descampado azotado por el crimen, donde artistas y okupas vivían en antiguas fábricas. Hoy, muy pocos artistas se pueden permitir un apartamento en este barrio ultra elegante. Pero en 1968, Donald Judd, artista emblemático en pleno momento de gloria, compró 101 Spring St. por 68 000 $ para vivir y trabajar.

Donald Judd's Home and Studio es una cápsula temporal. Ofrece una mirada exclusiva de su espacio creativo, tranquilo y preservado, y explica cómo convivía con sus obras y las de sus contemporáneos. Descubrimos también cómo evolucionaron nuestros barrios, que pasaron de ser zonas industriales abandonadas a centros creativos reconvertidos por los artistas antes de alcanzar una elitización avanzada. Es un viaje fascinante en el tiempo, el trabajo, la inspiración y el éxito.

 DONALD JUDD FOUNDATION
101 SPRING ST
NEW YORK, NY 10012

Reserva obligatoria	juddfoundation.org/visit/new-york	25 $/persona 15 $ estudiantes y personas mayores (debidamente acreditados)

22

EL RESTAURANTE TAILANDÉS
RETRO-ESTRAFALARIO CON ESTRELLA MICHELIN

Cuando el matrimonio formado por los chefs Ann Redding y Matt Danzer abrió Uncle Boons, restaurante con estrella Michelin inspirado en la gastronomía tradicional de Tailandia, país de origen de Ann, apostaron a lo grande, pero no esperaban lograr tan merecida devoción por parte de sus clientes. Han tenido que cerrar Uncle Boons a causa de la pandemia, pero su horda de fans les ha seguido calle abajo hasta Thai Diner, su nuevo local que abre todo el día.

La gente hace cola fuera para poder saborear un laab de pollo frito, hígado de pollo picado picante, *massaman neuh* y *khao soy*, servidos con granizado de cerveza, vino de sabores y cócteles en un ambiente alegre y poco convencional. Una combinación ganadora que se remata con un helado de coco tailandés.

THAI DINER
203 MOTT ST
NEW YORK, NY 10012

+1 (646) 850 9480   thaidiner.com

CRÉDITOS: ALEX MUCCILLI

VELADA *SLAM*
EN UN BAR INTIMISTA

El poeta *beatnik* Allen Ginsberg decía que el Nuyorican era "el sitio mejor integrado del planeta", ¡y cuánta razón tenía! Cuando un nuevo rascacielos llega y cambia el aspecto de la ciudad y tememos que el viejo Nueva York – el auténtico Nueva York – desaparezca, es el momento de ir a Nuyorican en East Village. Este bar histórico te resetea por completo con sus veladas de micro abierto donde todos los artistas de todas las razas y edades vienen a desnudar su alma sobre el escenario. Ambiente: canciones, poesía *slam* y *hip hop* bajo los aplausos del público.

Es una de las experiencias más exultantes de NY, donde el dinero a menudo prima sobre la creatividad y la autenticidad, con el añadido de poder ver a las estrellas del futuro.

NUYORICAN
236 EAST 3RD ST
NEW YORK, NY 10009

Consejo: compra las entradas con antelación en internet, la sala se llena rápido

+1 (212) 780 9386

Para más información y reservas visita la web: nuyorican.org

EL ENCANTO
DE CENTRAL PARK

Central Park es el corazón de Manhattan.

Para sobrevivir a la selva de hormigón necesitamos vegetación, tranquilidad y descanso. Los creadores Frederick Law Olmsted y Calvert Vaux empezaron Central Park en 1857, tardaron 20 años en terminarlo y el alcalde expropió pueblos enteros en lo que antes era campo. Nueva York, Nueva York...

Ahora, en verano, la gente va en manada a tomar el sol a Sheep's Meadow y en invierno desafían la nieve para venir a patinar. Pero es por las pequeñas actividades diarias – paseo con amigos, picnic en pareja, conciertos y, sobre todo, tranquilidad – que otros tantos adoran sus 341 hectáreas verdes.

Página siguiente, nuestros lugares favoritos para pasear o correr mientras reflexionas...

CENTRAL PARK
DE 59TH STREET A 110TH STREET
Y ENTRE 5TH AVENUE
Y CENTRAL PARK WEST, MANHATTAN

CENTRAL PARK

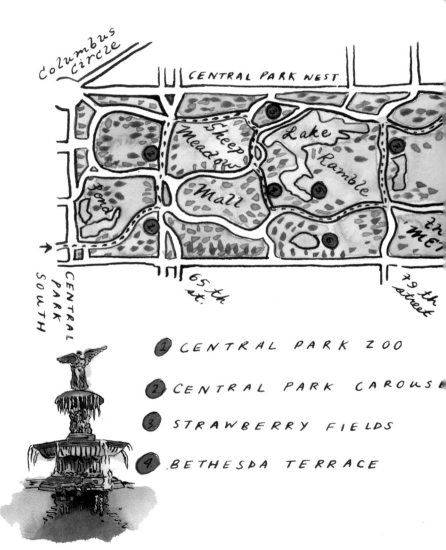

1. CENTRAL PARK ZOO
2. CENTRAL PARK CAROUSE
3. STRAWBERRY FIELDS
4. BETHESDA TERRACE

CENTRAL PARK NORTH

86th st.

97th st.

Jacqueline Kennedy Onassis Reservoir

5TH AVE.

DON'T FORGET DUKE ELLINGTON!

5. THE LOEB BOATHOUSE

6. ALICE IN WONDERLAND

7. BELVEDERE CASTLE

8. DUKE ELLINGTON STATUE

VISITA
CON ASTUCIA

- ¿Antipáticos los neoyorquinos? Es un mito. Nos encanta ayudar. No temas preguntar cómo se llega.

- ¡Mira hacia arriba! Una grandísima parte de la ciudad está en el cielo. No te quedes mirando tu teléfono.

- Descubre el Metropolitan Museum of Art de noche. Abre hasta las 21:00 viernes y sábados. Visita primero la parte egipcia.

- El Museo Guggenheim abre hasta las 20:00 de sábado a martes, y es gratis el sábado de 17:00 a 19:30.

- Las galerías de Chelsea cierran el domingo y el lunes.

- Si tienes que subir al Empire State Building, hazlo por la noche. La "ciudad que nunca duerme" brilla con todo su esplendor de noche y el último ascensor sube a la 1:15 de la madrugada los 365 días del año.

- Sáltate la visita a la estatua de la Libertad y cruza mejor la bahía en barco, desde donde verás mejor a Miss Liberty y el perfil urbano de NY. Destino final: el LMCC's Arts Center, nuevo espacio expositivo contemporáneo en Governors Island, abierto en verano y accesible en ferri.

- Los ferris son nuestros amigos: estos taxis acuáticos comunican los distintos barrios, te ofrecen un descanso de la muchedumbre en los transportes públicos y nunca están bloqueados en los atascos.

- Por 10 $, regálate una clase de yoga en Yoga for the People.

- Para conseguir entradas de último minuto en Broadway, pásate por las taquillas TKTS en Time Square. Cada día se venden entradas suplementarias a partir de las 17:00.

- Descubre los mejores restaurantes para almorzar (Le Bernardin, Cosme, Casa Mono...)

- Las citibikes son geniales. Respeta los carriles bici.

- En Grand Central Station, admira las constelaciones del techo. En la parte noroeste de la cúpula, verás un cuadrado oscuro: lo dejaron ahí tal como estaba antes de la restauración de la estación para mostrar a los visitantes los efectos de un siglo de hollín.

THE ISAMU NOGUCHI FOUNDATION AND GARDEN MUSEUM
9-01 33RD RD (A NIVEL DE VERNON BLVD)
LONG ISLAND CITY, NY 11106

+1 (718) 204 7088

noguchi.org

A LA CONQUISTA
DE QUEENS

Ojo, corres el riesgo de enamorarte de Queens.

A 20 minutos de Midtown, en Long Island City, el MoMA PS1 es uno de los museos americanos de arte contemporáneo más grandes. Pero si prefieres una experiencia táctil y tranquila, visita el incomparable museo Noguchi, que suele ser poco frecuentado. Te paseas en medio de instalaciones de piedra, madera, cobre y papel de este artista y diseñador japonés vanguardista.

No te puedes ir de Queens con el estómago vacío. Jackson Heights es sencillamente uno de los barrios más cosmopolitas del mundo. En Queens, hay unos 6000 restaurantes que representan con orgullo las 120 nacionalidades de este barrio.

En Little India (74th St./Roosevelt Avenue), te va a costar mucho decidirte. Toma el pasillo que hay entre dos tiendas de telefonía y darás con Lhasa Fast Food, un restaurante minúsculo que sirve *momos* (raviolis de Asia meridional) de ternera y cebolleta y otras delicias tibetanas especiadas.

MOMA PS1
22–25 JACKSON AVE
LONG ISLAND CITY, NY 11101

+1 (718) 784 2086   moma.org/ps1

LHASA FRESH FOOD
81-09 41ST AVE
QUEENS, NY 11373

+1 (917) 745 0364

Pero la quintaesencia de lo que nos gusta comer en NY es Dawa, en Woodside. La gastronomía Himalaya de la chef Dawa Bhuti, su experiencia en los mejores restaurantes de la ciudad y excelentes productos locales, Dawa lo tiene todo.

DAWA'S
51-18 SKILLMAN AVE
WOODSIDE, NY 11377

+1 (718) 899 8629   dawasnyc.com

CRÉDITOS: THE ODEON

EL RESTAURANTE
QUE CRUZAR LA EDAD

En 1980, tres restauradores -los hermanos Keith y Brian McNally, y Lynn Wagenknecht -que más tarde abrirían algunos de los restaurantes y locales más queridos de la ciudad- crearon la cervecería perfecta de Nueva York en una antigua cafetería de los años 30.

Frecuentada por artistas (Basquiat, Warhol, Calvin Klein, Madonna y DeNiro, por nombrar algunos) e inmortalizada en la cubierta de la novela Bright Lights, Big City (Noches de neón) de Jay McInerney, The Odeon fue testigo directo de una era de excesos alimentada por la cocaína. Aunque el ambiente ha cambiado considerablemente, el restaurante sigue siendo un lugar icónico para nuestra ciudad que ha crecido entre modas pasajeras e inundaciones. En la carta hay para todos los gustos, es más un ancla para el barrio y un lugar para los auténticos neoyorquinos que un sitio para turistas. Esperemos seguir disfrutándolo cuarenta años más.

 THE ODEON
145 W BROADWAY
NEW YORK, NY 10013

+1 (212) 233-0507

- ADAM PLATT -

Adam Platt es el crítico gastronómico de *New York Magazine*. Desde hace 20 años, comparte sus tribulaciones y descubrimientos gastronómicos y alaba la escena culinaria neoyorquina. Platt acaba de publicar sus memorias en *The Book of Eating*, en las que cuenta su trayectoria desde su niñez en Hong Kong, Tokio y Francia, hasta convertirse en nuestro crítico irónico favorito de NY.

¿Qué opinas de la obsesión de Nueva York por los restaurantes?

En Nueva York comer en un restaurante es un estilo de vida. Entiendes enseguida que no vamos solo para las ocasiones especiales. La gente va todo el rato. Las comidas familiares suelen hacerse en los restaurantes. Los neoyorquinos están en una búsqueda constante, quieren descubrir lugares nuevos, estilos nuevos.

A Nueva York siempre le han obsesionado las modas y los secretos de iniciados... No solo queremos conocer el mejor restaurante francés, sino también cosas más prosaicas como la mejor pizza, el mejor *ramen*, la mejor hamburguesa... La alta cocina deja espacio a los chefs milenials. Son sus obsesiones las que dictan las tendencias culinarias desde hace 15-20 años con sus ingredientes, sus técnicas, su sencillez, sus agallas, ese tipo de cosas.

¿En qué son únicos los restaurantes de Nueva York?

Reúnen las tres características de la ciudad: la tradición de ir a los restaurantes, la elección y la cercanía propia del frenesí local. Ir a un restaurante es una costumbre muy arraigada en Tokio, París, en toda Italia, pero no tienes mucho donde elegir. En Los Ángeles hay de todo, pero la gente no tiene la costumbre de comer fuera. En Nueva York, tal vez no tenemos lo mejor de la cocina china, malaya o mexicana, es de los pocos lugares en el mundo donde puedes dar la vuelta al mundo gastronómico en una misma ciudad. En Nueva York, te puedes quedar literalmente en tu barrio porque es la gente la que viene a ti.

La variedad es el reflejo del gran tapiz que es Nueva York.

¿Cómo definirías la cocina local de Nueva York?

Filete, una porción de pizza, un *knish*, un *bagel* o un perrito caliente. Un plato que te comes de pie y deprisa, adaptado al frenesí de la ciudad. La versión neoyorquina se agarra al cuerpo para ayudarte a sobrevivir a un día agitado.

Es más bien barata y siempre sabrosa, con *umami*, sabores básicos y fuertes en mitad del caos.

¿Cuál es para ti el plato o el restaurante que hay que conocer en Nueva York?

Antes, siempre recomendaba el Grand Central Oyster Bar, porque está en el centro de todos los caminos a la estación, en el ojo del huracán, y porque las ostras son parte de nuestra cocina. Pero la calidad ha bajado mucho en los últimos tiempos.

Le Bernardin es un excelente restaurante de barrio. Y como todos los restaurantes excelentes de Nueva York, los vecinos lo convierten en su comedor. En Midtown, los clientes habituales son personas con cierto estatus, en la flor de la vida. Este restaurante es una historia familiar. El chef no es de aquí, pero, es un chef de NY, comprometido con su restaurante. Es imposible no comer ahí sin sentir la grandeza de la ciudad. Para sentir el alma de Nueva York no hay nada mejor que comer tarde en Le Bernardin.

88 SABORES DE HELADOS (Y VINO ESPUMOSO)

Imagínate que te gustan tanto los helados que te ves obligado a proponer siete sabores de vainilla, seis variedades de chocolate, cinco versiones de caramelo, cinco de café y cinco de fresa... Y esto, sin contar los sabores que no encuentras en ningún sitio del mundo, como, ¡pistacho-shiso, plátano-curry y piñón-sal y pimienta!

Por suerte para nosotros, Nicholas Morgenstern es ese tipo de fanático de los helados. Su tienda en Greenwich Village ofrece 88 sabores con ingredientes impecables, sin aditivos. Y la guinda del pastel, un bar de *sundaes* – donde puedes comerte un sublime combo hamburguesa patatas fritas *a la Morgenstern* – y un mini bar de espumosos, Morgenstern's Fizzy Buddy.

En definitiva, Morgenstern's Finest Ice Cream es la felicidad.

 MORGENSTERN'S FINEST ICE CREAM
88 WEST HOUSTON ST
NEW YORK, NY 10012

+1 (212) 209 7684 | morgensternsnyc.com

CAKES
BIG SLICE $11/A LA MODE $14

**MILE HIGH COCONUT &
PANDAN CAKE**
A LA MODE WITH BLACK CURRANT SORBET

MANHATTAN BLACKOUT
A LA MODE WITH CHOCOLATE & ASH
ICE CREAMS

ICE CREAM CAKES
BIG SLICE $13

PEANUT BUTTER WOLF
SALTED PEANUT BUTTER & CHOCOLATE
ICE CREAMS

VIETNAMESE COFFEE
VIETNAMESE COFFEE ICE CREAM &
COFFEE CRUMB CAKE W/WHIPPED CONDENSED
MILK

KIDS MENU
CUP/CONE $4

MINI MORGENSTERN
MINI VERSION OF THE CLASSIC MORGENSTERN
SALTED PRETZEL STANDARD

BUTTERSCOTCH BANGER $7.5
VANILLA ICE CREAM CARAMEL & CREAM

LITTLE LION HEARTED $5
HONEY ICE CREAM CHOCOLATE

SWEET DRINKS

HOUSE SODAS $2.5

FLOATS $8
TWO DIPS OF ANY ICE CREAM FLAVOR IN YOUR
CHOICE OF HOUSEMADE SODA

SHAKES $9/12
YOUR CHOICE OF ICE CREAM FLAVOR—
MAKE IT A COMBO BY ADDING $1!

COOLERS $8
YOUR CHOICE OF SORBET FLAVOR

AFFOGATO $6.5
ESPRESSO & ICE CREAM

ICE CREAM STANDARDS

CHOCOLATE DELUXE $13
CHOCOLATE CAKES, CHOCOLATE ICE CREAMS,
CHOCOLATE SORBET, CHOCOLATE WHIPPING CREAM

B&W PROFITEROLES $12
LABNE SORBET, CHOCOLATE SORBET,
LABNE AND CHOCOLATE SAUCES

PINEAPPLE DREAMS $6.5
ASH ICE CREAM, PINEAPPLE, AND LEMON

MATCHA & MELON SUNDAE $13
MATCHA ICE CREAM, CANTALOUPE SORBET,
GREEN TEA CAKES, PICKLED CANTALOUPE
WHIPPED CREAM AND SHAVED PISTACHIO

**STRAWBERRY ICE CREAM SANDWICH
$11**
STRAWBERRY JAM N' SOUR CREAM ICE CREAMS ON
BROWN SUGAR MILK BREAD

KING KONG BANANA SPLIT $20
FIVE SCOOPS OF ICE CREAM, BANANAS,
SESAME CARAMEL, PINEAPPLE, LUXARDO

SALTED CARAMEL PRETZEL $13
SALTED CARAMEL ICE CREAM W. CARAMEL, CAKES,
PRETZELS, CARAMEL SAUCE AND WHIPPED CREAM

THE NEW GOD FLOW $12
MELTING RAW MILK ICE CREAM ON JAPANESE WHITE
BREAD WITH CARAMELIZED HONEY

HOT TIN ROOF PICOSO'S CLASSICS $12
OLD GRAND-DAD BOURBON VANILLA ICE CREAM,
HOT FUDGE PICOSO'S PEANUTS, JUNIOR MINTS

AVOCADO ICE CREAM TOAST $6.5
AVOCADO ICE CREAM ON JAPANESE WHITE BREAD
OLIVE OIL, CONDENSED MILK AND SALT

ICE CREAM FLAVOR
CUP/ CONE · 1 DIP $4.5 · 2 DIPS
MONSTER CONE · 1 DIP $5.5 ·

PARLOR FAVORITES
SALT N' PEPPER PINENUT
CHOCOLATE OAT
FERNET BLACK WALNUT
BLACK LICORICE
AMERICAN EGG
RAW MILK
GREEN TEA PISTACHIO
BURNT SAGE

VANILLAS
MADAGASCAR VANILLA
BOURBON VANILLA
BURNT HONEY VANILLA
FRENCH VANILLA
VANILLA CHIP
ANGEL FOOD VANILLA
BLACK PEPPER MOLASSES

CHOCOLATES
SALTED CHOCOLATE
BITTER CHOCOLATE
DUSTY GIANDUJA
ROCKIEST ROAD
SZECHUAN CHOCOLATE
CHOCOLATE
OLIVE OIL CHOCOLATE ORANGE

CARAMELS
SALTED PRETZEL
BUTTERSCOTCH
CARAMEL APPLE
SESAME CARAM
CINNAMON WHISK

AME
BUTT
EDIBL
COOK
RUM
CHER
GINGI
PEAN
BLUE
RAINE

COFI
VIETN
MOCC
COFFI
COCO

STRA
SMOK
STRA
SOUR
PASS

BAN
S'MACH
X CHAF
BANA
BANA

QUICK CUPS
TO-GO

$5
FLAVORS

CKED PINTS

KONG KONG BANANA SPLIT

SALTED PRETZEL CARAMEL

M LE FAJITAS

NEW GOD RUTH

BURNT HONEY VANILLA

SALTED CHOCOLATE

ALTED CARAMEL PRETZEL

VIETNAMESE COFFEE

GREEN TEA PISTACHIO

SMOOTH & DELICIOUS
STRAWBERRY

EDIBLE SCHOOLYARD
MINT CHIP

CASH
ONLY!

PLEASE KEEP
SERVICE DOOR
CLEAR OF
OBSTRUCTION
AT ALL TIMES

THANKS YOU!

#28

EL MEJOR SÁNDWICH
DE *PASTRAMI*

Empiezas a salivar en cuanto entras en Katz's y vas por el pequeño ticket naranja. No es solo la idea de devorar un sándwich de centeno de *pastrami*, es el ambiente, la energía, la alegría en estado puro.

Desde 1888, Katz's ha conocido varias vidas, sin dejar nunca de dar una buena bienvenida a los vecinos del barrio con un menú sabroso. A finales del siglo XIX, cuando los inmigrantes judíos hicieron de Nueva York la capital mundial del teatro judío, Kat's se vio designado como centro de operaciones de esta comunidad. Desde entonces, es el favorito de los famosos (como así lo atestiguan las fotos ultra kitsch de las paredes), pero es sobre todo por su autenticidad y su constancia que los neoyorquinos adoran Katz's.

CONSEJO: pide un sándwich de centeno, *pastrami* y mostaza, sin más. Te lo sirven con pepinillos deliciosamente picantes. Y ya que estamos, nos encanta también la ensalada de col.

KATZ'S DELICATESSEN
205 EAST HOUSTON ST
(ESQUINA CON LUDLOW ST)
NEW YORK, NY 10002

+1 (212) 254 2246   katzsdelicatessen.com

- SYLVIA WEINSTOCK -

LECCIONES DE DIVA DE LA NEOYORQUINA Y EXTRAORDINARIA PASTELERA

¿Dónde has crecido?

En Williamsburg, en la esquina de North 8th Street con Bedford Avenue, en un apartamento sin agua caliente ni calefacción. Hice las maletas para casarme a los 19 años. Nunca más volveré allí... Pero la otra noche, estaba en Williamsburg para cenar en el Wythe Hotel, y estuve a punto de ir a ver esa esquina. Pero como no creo en los regresos al pasado, pasé de largo. Ese capítulo de mi vida se ha cerrado. Aprender a avanzar es muy útil.

¿Hace cuánto que vives en Tribeca?

Desde 1983, y no tengo la intención de marcharme. Para irme de aquí, ¡tienen que sacarme!

¿A qué se parece tu Nueva York? ¿Tu Tribeca?

La ciudad tiene tantos rostros diferentes. Tienes el Upper East Side, donde las aceras son lisas y nuevas, donde todo el mundo vive en apartamentos lujosos y donde nadie se conoce. Downtown, es otra his-

Me encanta ser vieja. Me pasan muchas tonterías.

toria. Aquí, todo el mundo se habla en la calle, en el ascensor. Tras un accidente que tuve hace dos años empecé a usar bastón. No paraban de ofrecerme ayuda para cruzar la calle, llevar mis paquetes... Este barrio tiene algo de acogedor. La gente se ayuda. Se apoya mutuamente. Se dice "¡Qué abrigo más bonito llevas!"

¿En qué ha cambiado Tribeca desde que llegaste?

Antes, los *lofts* de Tribeca eran fábricas. Llegaron los artistas y vivían en *lofts* de 450 m² por 20 $ al mes. Luego, los dueños vieron la oportunidad de hacerse de oro, así que adiós a los artistas. Ahora, ¡hay alquileres que cuestan 15 000 $ al mes! Ahora viven familias en ellos.

¿Dónde te gusta comer?

En mi casa. Cocino para los chefs, platos sencillos, pero son felices por comer en casa de alguien y no en un restaurante. Si como fuera siempre intento que sea en un restaurante cerca de mi casa, para apoyar a mi barrio. Voy a Odeaon, Frenchette, Petrarca. El otro día fui a Tamarind. Hace muchos años, cuando era estudiante, un menú de tres platos costaba 1, 95 $. La vida era tan diferente. Ahora ya no ves monedas de 5 céntimos.

¿A qué te has dedicado en la vida?

Tuve la pastelería Sylvia Weinstock Cakes 40 años, con una clientela extraordinaria.

A muchos recién llegados les parece que Nueva York es muy intensa. ¿Qué les dices?

Nueva York tiene carácter, pero no es estresante. Todo depende de cómo ves las cosas. La manera en que la gente camina habla... se nota. Aquí, somos tolerantes: personas tatuadas hasta el cuello, eso no lo verás en Midwest. ¡Por eso la gente viene aquí! Les atrae una ciudad tolerante y excitante.

¿Nueva York sigue siendo excitante?

Todo depende de la gente y de su manera de ver las cosas. Te puedes quedar sentado en una silla de ruedas y esperar a la muerte. También puedes ir a comer fuera, hablar con los jóvenes y escuchar lo que tienen que decir. La gente es apasionante. Vivir aquí te da energía.

CRÉDITOS: AIRE ANCIENT BATHS

FLOTA EN UNAS
TERMAS ROMANAS

Entrar en los Aire Ancient Baths de Tribeca es un poco como entrar en otra dimensión. En esta antigua fábrica textil de 1833 con impresionantes vigas y ladrillos vistos, la piscina termal está envuelta en una penumbra relajante, una tranquilidad sensual. Es el sitio ideal para aislarse del ruido y del caos de la ciudad (y creerse en Roma, en el siglo V). Las infraestructuras y los tratamientos son dignos de un hotel de cinco estrellas.

Hay muchas experiencias para parejas (de hecho, es uno de los lugares favoritos de los enamorados), como bañarse en vino de Ribera del Duero. Nosotros preferimos la exfoliación con sal marina y luego flotar en la tranquilidad de la piscina de agua salada.

AIRE ANCIENT BATHS
88 FRANKLIN ST
NEW YORK, NY 10013

+1 (646) 878 6174

beaire.com
bookingnytribeca@beaire.com

EL HOTEL DE
TODAS LAS FIESTAS

"¿Salimos a bailar?".

Es la pregunta recurrente en Nueva York. Te proponemos dos opciones originales e inolvidables, ambas en el Roxy Hotel en Tribeca.

Baja al club de jazz que está en el sótano, The Django. Es un viaje a los años locos parisinos. Cantantes melódicos en trajes retro te tocan la serenata y no puedes evitar querer bailar.

 THE ROXY HOTEL TRIBECA
2 6TH AVE
NEW YORK, NY 10013

+1 (212) 519-6600   roxyhotelnyc.com

Al mismo tiempo, en Paul's Baby Grand, bar de color rosa creado por el legendario Paul Sevigny, los DJ pinchan canciones "buen rollo" de todas las épocas. De este lugar habla Mark Ronson en su canción *Leaving Los Feliz*. Desde la pista de baile puedes admirar los cuadros del joven prodigio contemporáneo John Smith.

Dato curioso: ¿Roger, el elegante caballero de pelo cano que prepara los cócteles? Fue el primer novio de Madonna cuando esta llegó a Nueva York.

CONSEJO: di que vas de nuestra parte y te dejaran pasar casi seguro. Agradecimientos cariñosos a Tarajia.

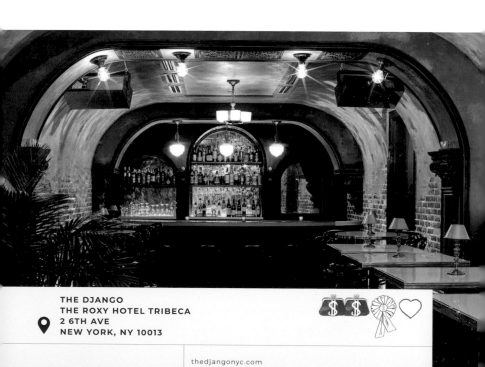

THE DJANGO
THE ROXY HOTEL TRIBECA
2 6TH AVE
NEW YORK, NY 10013

thedjangonyc.com

PAUL'S BABY GRAND
THE ROXY HOTEL TRIBECA
2 6TH AVE
NEW YORK, NY 10013

roxyhotelnyc.com/dining/pauls-cocktail-lounge

La entrada al reservado depende
del guarda de seguridad

**En la colección "Soul of",
el 31° lugar no te será revelado nunca porque
es demasiado confidencial, te toca a ti dar con él.**

EL SECRETO
DE TEMPORADA

Si te encuentras en un bar íntimo panelado en madera, estás casi casi. Imposible recomendarte qué pedir, depende de la buena voluntad del chef especializado en *kaiseki* – platos japoneses de temporada preparados con los mejores productos locales. Te aconsejamos ponerte en sus manos y disfrutar del viaje.

 PASA POR EL "HALL"

Reserva obligatoria
odo.nyc